AF236051

AW KORSCH

landmasse:erdreich

Gedichte

Bibliografische Information der Deutschen Nationalbibliothek:
Die Deutsche Nationalbibliothek verzeichnet diese Publikation
in der Deutschen Nationalbibliografie; detaillierte
bibliografische Daten sind im Internet
über dnb.dnb.de abrufbar.

Herstellung und Verlag: BoD - Books on Demand, Norderstedt
Umschlagbild MT Frey, Collage 2019

ISBN: 9783754373729

alle:wetter

schwadenschwer liegt er

steht oder schwebt

manchmal am boden

wirds kalt wenn er kommt

dann macht er ihn

und selbst den himmel darüber

fast farblos

so als hätte man diesen in wasser getaucht

halb- oder hüfthoch und undurchsichtig

bewege ich mich

aufgrund einer nebel bedingten trübung der augen

nach da wo ich vorher mal war

noch eine sonne am himmel und auf dem boden lag laub

der nebel

rücklinks liegend im meer treibe ich

blicke hinauf in die wolken

bewegt vom wind zieht eine davon

schwerelos weiter vorbei

ich richte mich auf und greife danach

hält ja trägt die oberfläche nicht mehr

habe ich niemals gewollt denn

als ich unterging sie wiedersah

kurz

auf dem wasser sich über mir spiegeln

die wolke

wind kommt auf einmal wirds dunkel

wie die nacht

die die fallenden fluten abtauchen lässt

als wärn sie nicht da

die luft

über der erde erfriert

erwischt eiskalt den regen

der hagel wird

schon wieder wasser

wenn die sonne auftaucht

wenn die sonne auftaucht

ein sonnenstrahl
aus wolken kommt
licht bricht auf
bunt
farben zerfallen

regenbogen

gräser mahd (mähen)
krautige pflanzen
grünland (fettwiesen)
heublumensaat

artenreich blühend
klatschmohnen kräuter
bin grasbewachsen
prunkwinde dahin

wiese

was gibts da noch zu entdecken

wollte ich gehn

über das meer erklär mir die wolken

wollte ich sehn

sucht war danach nur noch

die wiederholung

der mich ans ufer treibenden wellen

wellengang

nicht wirklich da

zieht es herauf und verhallt

dann immer schneller

und zwar

zwischen zwein

bricht sich

das schwinden der ferne

fällt in sich

gegenüber liegende höhn

echo

wie hoch wohl die berge

ragen weit über alles

was ich bisher sah dich

und wusste dass du es bist

stieg vorsichtig auf

brach das eis ab und rutschte

über den pass bis nach unten

lag da du dann beugtest

und strecktest dich endlich

der länge nach über mir aus

die gletscherzunge

gebirge stehen

am fuße gehen

die blicke nach oben

zum gipfel nur berge

die öde

landschaft beinah

da über den wolken

sieht sowohl klar

als auch verschwommen

genauer genommen

wie eine kopfüber in sich

grad eben auf mich

zurückfallende aus

wie ein riesiges meer

das seine wasser

auf den hohen boden

tropfen lässt nebel

wie wolken entstehn

über dem meeresspiegel

durch und durchzogene kälte

macht sprachlos gewordene laute

klingen nicht mehr ... klirren nur noch

geringe lebenszeichen können festgestellt

werden

ganz leise

fror dieser see

zu einer flachen hand

die ihre finger auf die lippen legt zu

der see

schlag:schatten

wie leicht so eine wolke ohne eigenes gewicht wär ich

möglicherweise frei für das alles

luftig im überall

nichts mich beschwert

wenn der tag klar und ohne schatten

eines endlos heiter wirkenden himmels darüber

mir sich nichts weiter zeigt als das hellblau deiner augen

das wechselhaft ist dunkel zuzieht

und fällt aus allen wolken

aufzug einer wolkendecke

manch ein in die jahre gekommener nicht mehr ganz so junger

man ist das dunkel hier kniet auf dem gehweg

in hocke nach vorn

gebeugt und zerknittert wie ein müllbeutel

oder drecksack siehts aus

genommen die beschriebenen blätter

der beinah kahlen bäume

die um ihn herum wie angeordnet und nach größe sortiert

mit einer ahnung vom anflug des tages sich sicher:

der machts nicht mehr lang liegt da vor ihm

ein noch … weiter weg meine ich hier

das rauschen eines nicht nachlassenden regens

der gegen die windschutzscheibe eines autos schlägt zu hörn

herbstregen

die traumlos blinden tiefschlafphasen

sind nicht selten viel länger

als ihre schatten

die da die sonne hinterm horizont

in die grenzen eines traumes eintaucht

und

sobald ich die augen aufmach

so sehr lichtlos im innern

mir meine bekannten

formen und bilder verschwinden lässt

mich nichts sehn

dunkel heimleuchten dem

was da schläft sich ihr vorgestellt hat

sobald ich die augen aufmach

lichter schein einer laterne

der ins dunkel

bricht schon der tag

fällt lang

aus seinem gehäuse

in diese nacht

sticht

ein der sonne entflohener

strahl durch

gläserne grenzen

gläserne grenzen

ein lauer wind geht in das gesicht

ist nicht kalt

bleibst nur du sonnenlose

stille durch die

ich hinunter zum bahnhofsvorplatz

dem morgen entgegen

wehe der da

so eingenommen starr

daliegt als entfernt verwandtes rufen

dem morgen entgegen

wenn die sonne am mittag den bach runter

geht darin ein steigt sie auf scheint zu schmelzen

heizt was da unter ihr blüht das verschwinden

verschiebt und mischt farben an trocknet das licht

licht

schatten breitet sich auf einer hauswand

aus nacht

wird ein scharf umrissenes bild

belichtung möchte man meinen

blick richte ich auf

den da schwarz scheinenden baum

der das hell trüb macht alles still stehn

grad wie die so licht gestrichene fassade

gegen die der sich nun mit aller wucht wirft

schlagschatten

abend

licht aus draußen

fällt die straßenbeleuchtung um

noch etwas sehen zu können vor meine füße

durchs fenster auf stufen

den ausgang in sicht richtung flur

und diesen noch weiter zur tür gehts ins freie

dahinter

verbrennt heiße luft

straßenbeleuchtung

schnee fällt weich wie ein vorhang

oder grauweißer schleier

der mir eine wand

vor meinen augen die sicht nimmt

mich mit sich mit

schweifend der blick mir schmelzwasser wird

das schimmernde mondlicht

zum milchglasauge einer taschenlampe

trüb kalt und irgendwie blau

doch eigentlich nur ungenau grau

wie der vor ihrem leuchten heraufziehende morgen

morgengraun

was war da das schweigen so laut
als ich mich in voller fahrt befand

fuhr früher viel durch die gegend
lag im sand unter abhalden im wald

und in kneipen stieg ich weils fror
mitunter durch den kofferraum

hör nun wieder wen rufen den kopf
seitlich durch die scheibe gesteckt

der wind weht hart ins gesicht
macht sich breit starrt will raus ruft:

in zukunft vollendet nicht minder perfekt
die vorgegenwart dich anleuchtet

das einst glänzt vergangen und kalt durch die zeit
damit die kühlkette nicht unterbricht

früher wind

hoch:stand

es gibt immer ein ich und ein du

also ein bekanntes und ein fremdes

das sich annähern

und vielleicht sogar ineinanderfließen kann

morgens sind wir möglicherweise zusammen

eines in dem sowohl sie diese eine liegt hier

als auch ein ich

ja auch ich wegen ihr bin in diesem wir drin

wir als raum für fremde

als wir noch durch dickicht fuhren

im auto gegen den tag mit musik

durchsuchten wir orte und stiegen

aus in verlassene räume

auf einer bühne spielten wir

im rostigen etagenbett

luden uns in das kasino

wichen schuttgruben aus

der kommende morgen

wärmte den starren

beton fraß wald nun umgekehrt

im rückwärtsgang hallten wir

wider die worte

gegen den einfall von hitze und licht

gegen den einfall von hitze und licht

sie sagte sie wär schon vor jahren aus meinen augen gefallen

starrte dann aber nicht sie sondern die

die sie bei ihrem betrachten so machten den tag an

die nacht fielen wir beide

saßen erst gestern noch hier

hinter zugezogenen gedanken brannte licht durch die decke

tropfte schweigen ins bett jetzt einschlafen ... die arme ...

auch sie so für sich

hinter zugezogenen gedanken

ich seh in deinen augen ein bild

das

da es nicht ewig bei dir bleiben

kann

wieder freigelassen werden

muss wohl

in blassblaues wasser

das abläuft

sich bricht dann in beiden

einfach so fort

oder tief

in ein anderes gesunken sein

blassblaues wasser

die bilder die du dir gestern

als wir uns begegnet sind

von mir machtest

werden aus den dir bekannten gründen

abwärts auf deinen wangen verlaufen

bis hin zum kinn fließen sie

trocknen da an dann

platzen sie ab

reibst du den rest vor dem spiegel

mit einem lappen aus deinem gesicht

aquarell

tatsache ist erklärt sie finde nie den passenden ausdruck dafür

aber wisse sehr wohl dass auch sie an anderen hängt

zum beispiel mein wissen von mir macht mich deutlich

in ihren gesichtern sagt sie reißt es sich schließlich

schaut sie auf mich herunter und meint:

von nun an ist nur noch weils niemals vorgibt

etwas anderes zu sein als das was es ist

das unschöne schön

dass ich mich in deinem gesicht wie im spiegel

der bei mir im zimmer hängt erkennen kann und zwar

als ein seitenverkehrtes das ums zu verstehen

von woanders her begriffen werden müsste man meinen

hab ich aus eben genau diesem grund vorgestern zerbrochen.

spiegel

trennen wir uns
reißt die haut ein einst gemeinsames leben
zerfällt in zwei: ich und du
das mit schmerzverzerrter stimme dich danach befragt
wohin ihr euch gegangen seid
nun wieder was ihr früher irgendwann gewesen wart
prinzipiell immer in freundschaft verbunden
nicht mehr verletzt nein die wunden wären verheilt
sagtet ihr habt lange mit freunden gesprochen
und warum nach einem grund gefragt wie es ginge
ja doch es wär wieder gut hörtet ihr euch
ohne es auszusprechen an beiden seiten der leitung
die euch durch diesen leise anhaltend dauernden ton
gestört war jedes wort hat verschlucken
und undeutlich zwecklos werden lassen sagen
dann legtet ihr die hörer auf
ihr konntet es nicht mehr ertragen

verbindung getrennt

bewegung und flucht und je näher eine sache kommt

desto mehr werden ihre unfeinheiten

klar erkenne ich mich

geb auf darin:

ich

schicke mich an herauszutreten

als eines

das mit sich den gegenstand gefunden hat

der unfein ist

unter anderem, ergreift es das laufen, flüchtig bewegt.

unter anderem

die zukunft die wir am morgen noch erwarteten
steckte uns mittags schon wieder im rücken
wir sprangen durch büsche in lücken

in einen winter der viel zu mild war wie alle
zuvor als da am tor das blühen verwelkte
kehrte ich um die nächste aufgehen zu sehn

zukunft

straße am see würde das haus

vor dem du eine stunde

lang wartest

dann doch auf dem steg eine bank

von der aus wir abwärts

in diese nacht

der sonne nachsehen stehn

wir wussten was war

das für ein tag

als der mond hoch stand

in deinen augen

mein gesicht restlos ertrunken

lag hinten im garten

ganz in der nähe der straße am see

straße am see

an:land

feuchter leib zerfällst zu tiefem tann

moosbedeckter ungeduld ...

und lachst mich an

nenn mich dickicht

und mein fürchten dein

lass mich tier dein zittern sein

wald

Heißes ding begreife mich
reiß die lose haut vom hier
losgetretenes gesicht
zeichnest fratzen mir

Heißes ding aus leidenschaft
verschreist mit mir den mond
besessen treibt uns diese nacht
zum haus in dem das feuer wohnt

Heißes ding bist feuerstelle
in der hütte flammen kann
wir legen uns in asche
und stecken dann die herde an

die herde

mit der zeit setzt aber auch du

mir zunehmend zu

ende der gemeinsamen tage

zählbar türmten sie fielen in sich

einst zusammen

hielten wir durch bis sie brachen

sie liegen vereinzelt

am boden steht frost

der jedoch noch

wie wetter hell leuchtet

wetterleuchten

brandschätze leben

leidet atemnot lichter

sticken in flammen

die funken die glut

aufwerft die lippen kriecht

kälte die dunkel in hell

erleuchteter hitze

beständigkeit blüht

springt waldwild die runde

kocht hoch im gewühl

beginnt es beim tanz

am brand ja da brennen

die herzen verfrüht

brandschatz

ein züngeln und

schmatzen aus

saugen ein

beißen und

schwitzen in

glut glimmt heran

hier verbrenn ich

dein reißen

in fetzten

aus fallen

nach sonst wo hin fällig

war leblos der kuss

zum abschied so kalt

hinter den wald

schallt tonlos im moos

mir mein rufen:

begeh mich mit feuer

stecke mich an

fackel mich ab

reißen leben

am unterholz kleben

spucke und blut

waldbrand

Der sommer ist fort gegangen bist du

durch die warmen sonnenblumenfelder deiner augen

Die laublichten fotos dieser hängen meinem herzen an

nägeln

die in eine seiner wände getrieben worden sind

In der linken kammer kauert der winter das eis weich

gezeichnete bilder

In der rechten frieren mir tränen die augen zu

ende an grenzen nach draußen

aufbruch

wenn zur ruhe bemühen meine glieder mich

sinkt von mir ein lid

im schatten der dunkel und leise

lauschen wir dem rauschen der wellenhalbkreise

ein müder blick in seilen hängt

das unbrauchbare aller tage

das abschiedslid aufs meer sich drängt

aufbrausend lautlos und vage

dann mit der allerletzten hohen woge: du

das ufer nässt den strand verlässt

was beschwerlich hinter sonnen: ich

untergänge trage

meeresrauschen

reiß das runder rum dreh bei

wind krängt schon das schiff

wetter ab und mach das trei

fest die pinne halt den griff

stell das bein ein auge auf

in die wasser ätzen

ufer schlamm ab schritte setzen

brüchig knirscht gestein

landung

warte wie wild

rasende zweifel

ziehst immer nur du

was für ein glück

und was ich auch frage

in die verbände lauter zeit

zurück

sickern mir sämtlich die tage

du sollst ja auch stürmen

das unnütze fragen

verheerend einbrechen

in mein versagen

sollst stille abstillen

das durstige tier

liegt ersoffen am pier

senkrecht zum kai

unten am hafen

unten am hafen

Ein windschrei begleitet den abgang der krähe

die graureife blätter nach unten

in die furchen der felder abwirft

Ein kind spuckt feuer in die wolken hinein

sticht sein drache und himmel

tropft auf einen nasskalten boden

Der morgen ist pflügbar

an einem wie diesem flächenmaß welches

Die krähe vom baum aus abfliegt ...

ein morgen (mg)

INHALT

alle:wetter

schlag:schatten

hoch:stand

an:land

Die hier vorliegenden Gedichte sind Bestandteil einer dreiteiligen, aus je vierzig Gedichten bestehenden Reihe. Viele davon wurden bereits in Anthologien und Zeitschriften veröffentlicht, andere hingegen wurden nachgebessert und zum Teil erweitert.

Dieser Band umfasst zunächst die Gedichte, die kurz nach der Jahrtausendwende bis etwa 2010 entstanden sind. Die Sichtung und Aufbereitung dieser fand zwischen 2020 und 2021 statt.

AW Korsch, geboren in Bernau (bei Berlin), Eltern: Melker, Schulabschluss 1989, danach Ausbildung, Zivildienst, Abitur und Studium, Studienabschluss 2011, danach Industriearbeiter. Schreibt. Lebt in Berlin.